A LA NATION FRANÇAISE

Appel des opprimés.

LA

TURQUIE ET L'EUROPE

PARIS

IMPRIMERIE DE GEORGES KUGELMANN

12, rue Grange-Batelière, 12.

1876

LA TURQUIE ET L'EUROPE

A LA NATION FRANÇAISE

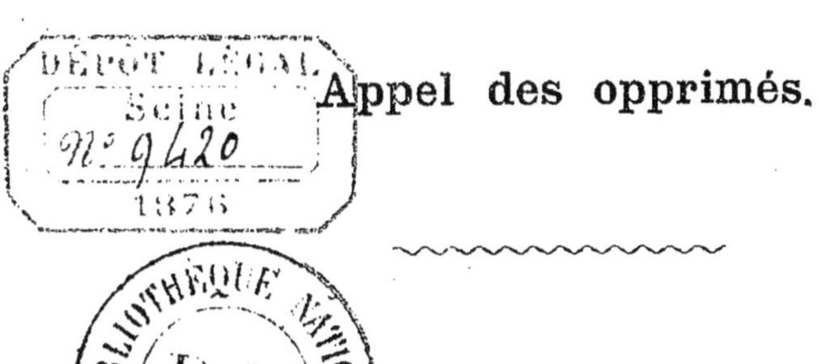

Appel des opprimés.

LA
TURQUIE ET L'EUROPE

PARIS

IMPRIMERIE DE GEORGES KUGELMANN
12, rue Grange-Batelière, 12.

1876

LA TURQUIE ET L'EUROPE

Le but de la diplomatie est de conduire l'humanité entière par les voies de l'équité et du bonheur, sans porter préjudice à aucun des éléments qui la composent.

UN AUTEUR ANGLAIS.

« Ah ! Votre Altesse, que de nouvelles désagréables depuis le jour où j'ai eu pour la dernière fois l'honneur de vous écrire. Avant-hier j'ai dîné au Pavillon ; le duc de Wellington y est arrivé tout à fait calme, parfaitement persuadé que les affaires de Belgique étaient terminées et que l'ordre était rétabli à Bruxelles. Après le dîner un courrier de Londres vient annoncer le départ des troupes royales de Bruxelles. Voilà, s'écria-t-il, une affaire diablement mauvaise ! En même temps on apprenait que plusieurs officiers français avaient pris part à la défense de la ville. Sans être trop pessimiste, on peut prévoir que la guerre universelle sera la suite inévitable de cette situation. Comment et quand cela finira-t-il ? En vérité il n'y aurait rien d'étonnant si de semblables événements troublaient les têtes les plus solides..... »

Ainsi écrivait la princesse de Liéven au prince Léopold de Saxe-Cobourg, le 1er octobre de l'année 1830. La princesse de Lieven, femme de notre ambassadeur à

Londres et plus tard le soutien le plus ferme et le plus sincère de nos intérêts dans le grand monde des capitales de l'Europe occidentale, séjournait alors à Brighton et écrivait la lettre que nous venons de citer après un dîner chez le roi Guillaume IV.

L'affaire diablement mauvaise dont il est question dans la lettre était le premier essai tenté par la Belgique pour se séparer de la Hollande, habitée par une race d'origine étrangère, et pour vivre d'une vie indépendante. Le prince Léopold, à qui était adressée la lettre de la princesse de Lieven, était ce même premier roi des Belges devant la sagesse et la justice duquel s'inclinèrent toutes les têtes couronnées de l'Europe et que le peuple belge, dans un jour d'anarchie, maintint sur le trône de force et contre son gré.

Au moment où la princesse écrivait, l'Europe, épouvantée par la Révolution française de 1830, mettait en jeu tous ses efforts et tous les moyens dont elle disposait pour faire respecter les conventions du traité de Vienne. Le ministère tory qui se trouvait à la tête des affaires de la Grande-Bretagne, les lords Willington et Gray en particulier, trouvaient indispensable, pour soutenir la grandeur de l'Angleterre, de conserver le *statu quo* créé par ledit congrès. La question belge, à son apparition soudaine sur la scène politique, sembla au ministère tory tout aussi dangereuse pour l'Angleterre que le semble aujourd'hui la lutte entreprise par les Slaves du Sud aux cerveaux affaiblis des torys contemporains, à MM. Disraeli et compagnie.

Le ministère, ne pouvant vaincre la foi profonde de la nation anglaise dans la justice de la cause belge, succomba. Les whigs furent appelés à diriger le cabinet de Saint-James. Dans la première conversation que lord Palmerston eut avec Vande Weyer, représentant de la Belgique, il ne fut même pas question du droit pour la Belgique d'exister comme un Etat indépendant, mais seulement du choix du souverain qui devait être chargé de gouverner le nouvel Etat.

Cependant, dans la coexistence de la Hollande avec la Belgique, nous ne voyons aucun indice d'oppression monstrueuse d'une race par une autre. L'histoire ne nous dit pas non plus que le travail du peuple belge ait été exploité par les Hollandais, que le fanatisme religieux de ces derniers se soit gorgé de victimes sanglantes, ni que dans l'un des pays composant l'unité politique des Pays-Bas, les droits naturels de l'homme comme créature de Dieu aient été foulés aux pieds.

Dans le seul désir du peuple belge de mener une existence indépendante, l'opinion publique en Angleterre trouva une base assez solide pour ne plus faire cause commune avec les aspirations de son gouvernement. Cet antagonisme amena la chute du ministère et permit au nouveau cabinet de tendre une main secourable à une cause juste.

Telle était en 1830 la situation au nord-ouest de l'Europe. Ainsi fut résolue une question qui, depuis bien des siècles, engendrait des discordes à l'Occident, sous le nom de question des Pays-Bas.

Maintenant jetons un regard sur le territoire situé au sud-est de l'Europe et qui est une source de perpétuelles agitations en Orient, comme autrefois les Pays-Bas à l'Occident. Ce territoire est habité non par deux, mais par trois nationalités tout à fait étrangères les unes aux autres. Deux d'entre elles subissent le joug de la servitude, la troisième s'est jetée comme une troupe de vautours sur les deux premières pour sucer leur sang et leur vie. Sur ce territoire, les principes qui régissent la vie de l'État sont les mêmes qui, pendant une courte période de temps ont servi de droit aux Huns et aux Tartares : deux races depuis bien des années mises hors la loi et privées des droits naturels de l'homme.

En 1828, malgré la sympathie sans exemple du cabinet anglais pour la cause de la Turquie, la flotte de l'Angleterre et ses meilleurs citoyens, Byron entre autres, n'ont pas peu contribué à arracher en partie une de ces races asservies à la domination des vampires. Le premier germe qui donne la vie à la Grèce, créé par les efforts de l'Europe entière, prit naissance au bruit des canons anglais dirigés contre les Turcs par cette même flotte qui est venue les défendre, et une partie du territoire qui formait la plaie de l'Europe a cessé de l'inquiéter, malgré les côtés faibles de la position tant intérieure qu'extérieure de la Grèce, le pays nouvellement appelé à la vie. Mais le principe délétère continue à sévir sur le territoire turc dans toute sa force primitive contre l'une des nationalités opprimées, contre la race slave.

Des familles égorgées par milliers, des écoles d'enfants livrées à l'extermination, des populations entières fuyant devant la violence et la férocité de barbares excités par le fanatisme, voilà les causes peu importantes du soulèvement. Les Slaves, comme si leur volonté énergiquement exprimée ne suffisait pas, ont besoin d'invoquer tous ces crimes pour établir leurs droits à une vie indépendante.

La Belgique n'avait pas d'autres raisons pour se séparer de la Hollande que sa propre volonté, et pourtant la nation anglaise a forcé son gouvernement à reconnaître la validité de son droit. Les monstruosités d'une barbarie incroyable n'ont pas empêché l'Angleterre, à un moment décisif, d'être du côté qui avait le droit pour lui et d'aider la Grèce à secouer le joug turc qui pesait sur un sol appartenant aux Hellènes depuis l'antiquité la plus reculée. Grâce au concours de l'Europe entière et de l'Angleterre elle-même, la Belgique en vertu de la convention de Londres, comme la Grèce en vertu de la paix d'Andrinople, occupent depuis des dizaines d'années leur place parmi les États européens, et durant cette époque orageuse, elles n'ont jamais été cause ni directement ni indirectement d'aucun embarras politique en Europe. La période pénible, sombre, du règne de Napoléon III, qui partout et toujours suscitait des intrigues pour masquer la lâcheté de sa politique, s'écoula tranquillement pour la Belgique et la Grèce. Ces deux États, créés par la force des convictions nationales de toute l'Europe, ont pleinement prouvé leur reconnaissance aux auteurs de leur existence en ne prenant jamais part à aucun désordre général.

Il est aisé de comprendre que ces deux unités politiques qui sont nées du développement des principes moraux dans toutes les classes de la société européenne, ont une part d'utilité proportionnée à leurs forces dans la vie internationale de l'Europe.

En créant ces Etats les gens de progrès de 1830 avaient un but. Plus d'une fois déjà, la neutralité de la Belgique a arrêté le cours incendiaire de guerres menaçantes et a prouvé que non-seulement des pays jouissant d'un gouvernement républicain, comme la Suisse, peuvent renoncer à intervenir dans les discordes internationales sans manquer à leur dignité et sans porter atteinte à leur prospérité, mais qu'une monarchie organisée sur des bases raisonnables peut aussi exister et prospérer sans avoir droit à la lutte. Le rôle de la Grèce en Orient, où le cours de la vie politique est beaucoup plus lent qu'à l'Occident, ne s'est pas encore dessiné. Le développement d'une activité politique en Grèce, qui eût pu être utile à l'Europe, a été jusqu'ici complétement paralysé par le voisinage d'un corps inerte, qui a enlevé un petit lambeau de la Morée aux labeurs réunis de toute l'Europe. Mais le temps est venu, où cette création du développement moral des peuples, où cette Grèce qui ne jouit d'aucune considération peut servir d'instrument à la paix de l'Europe et fournir la garantie la plus sûre d'une entente cordiale dans l'avenir et de la prospérité de l'Occident et de l'Orient.

Aujourd'hui, au milieu des débats et des discussions diplomatiques de l'Europe, se présente, en premier lieu, une question encore toute neuve pour elle, c'est-à-dire une de celles sur lesquelles elle n'a jamais prononcé de décision, avec le consentement de toutes ses unités politiques.

Voici les deux termes de cette question: une unité politique, dont le *statu quo* est, à la connaissance de tout le monde, non-seulement incapable de se prêter à une vie basée sur les principes du droit public reconnus indispensables dans les sociétés européennes, mais est même dépourvue des germes, à l'aide desquels un ordre de choses possible en Europe aurait pu s'organiser, a-t-elle le droit de faire partie du concert européen ?

En second lieu, est-il possible de trouver dans le développement de la vie morale des Turcs un moment favorable à produire un ordre de choses compatible avec l'organisation sociale de l'Europe ; et si ce moment, grâce aux principes sur lesquels se basent la religion et la morale des Turcs, n'est pas à espérer, par quoi la famille des peuples européens doit-elle remplacer un de ses membres qui s'en va ? Tâchons de répondre d'abord à ces deux questions en lisant les pages déjà écrites de l'histoire.

La civilisation des Maures dans les murs de l'Alhambra a atteint un degré de développement tellement grand , que non-seulement elle est restée inaccessible aux Turcs, mais a servi de modèle à imiter et de livre à étudier pour tout l'Occident civilisé. La civilisation des Maures est l'apogée du développement que peut atteindre l'esprit humain, dont l'activité se maîtrise et se régularise d'après les principes du Coran. Mais l'Europe chrétienne, en ce temps-là déjà représentante du monde nouveau, a exclu involontairement de son sein une vie politique ne reconnaissant point la croyance vivifiante du Christ.

La science des Maures en Espagne a atteint un point culminant; les finances des khalifes étaient florissantes;

l'administration, pour ce temps-là, était exemplaire; ce qui plus est : le patriotisme des Maures, depuis le Kabyle jusqu'au dernier de ses sujets, s'est jusqu'à présent conservé dans les annales de l'histoire, comme une tradition légendaire.

Et que voyons-nous pourtant? Cette gigantesque organisation sociale succomba devant les efforts de la Castille; elle fut vaincue non par la force, mais par la pression des aspirations politiques de toute l'Europe. Les institutions des Maures n'étaient inadmissibles en Europe que parce qu'elles plaçaient l'homme et le citoyen au-dessous du niveau qui lui est assigné par la doctrine du Christ.

Dans des temps plus modernes, la Pologne chrétienne aveuglée par l'esprit de caste foulait aux pieds, la prière à la bouche, les principes de l'Evangile ; elle scandalisait le monde par la vénalité de sa conscience politique, par ses discordes continuelles et l'oppression des classes populaires ; elle en était arrivée à ne plus voir l'homme dans le roturier.

Le cœur serré, les larmes aux yeux, non sans des imprécations et des cris, l'Europe souscrivit à l'acte de déchéance de cette unité politique, qui défendait obstinément son anarchie, revêtue de la forme d'un gouvernement populaire.

Jetons un regard sur la Turquie actuelle et rappelons toutes les leçons, tous les avertissements, tous les efforts matériels et moraux tentés pour humaniser, ne fût-ce que lentement, les doctrines barbares de l'Islam.

Mille et mille promesses sans cesse renouvelées par la Porte n'ont abouti qu'à une longue suite de perfidies, parce que, comme les Maures, le peuple ottoman tout entier, depuis le khalife jusqu'au mendiant, ne reconnaissait ni vérité, ni droit aux exigences du monde chrétien. Que de systèmes administratifs et financiers ont été proposés, en vue de réformer l'anarchie ottomane ! Mais tout le peuple, depuis le khalife jusqu'au mendiant, n'a jamais voulu comprendre qu'un pillage sans système et sans but, que la violation du droit de quiconque n'est pas Turc sur le territoire turc, fût une anarchie.

La vénalité de la conscience, l'absence de justice, des luttes se terminant presque toujours par un massacre général des femmes, des vieillards et des enfants, la violation du droit international religieusement observé en Europe, se traduisant non-seulement par des offenses, mais par l'assassinat des représentants des nations étrangères ; une foule de pachas , bourreaux et galériens, pillant les habitants de la Turquie et dépouillant toute l'Europe par une banqueroute gigantesque ; une longue suite de crimes sanglants dans les palais et dans les rues; des firmans, donnés uniquement pour se moquer des lois qui y sont promulguées ; en un mot, une anarchie complète, sans exemple sous le drapeau constamment déployé de l'illégalité, du vol, du massacre: voilà la triste réalité, voilà l'état actuel de la Turquie , voilà ce que couvre le drapeau national. Au milieu de cet océan de corruption , pas un moment de repentir , pas un moment de conscience de sa scélératesse, pas un de ces germes sains , qui parfois poussent même sur un sol corrompu: voilà ce que l'Europe a gagné en un demi-siècle, consumé en vains efforts pour ranimer la vie dans un organisme non pas endormi, mais mort depuis longtemps ! Je crois avoir répondu à la première question.

Il ne se trouvera pas en Europe un seul penseur sérieux qui veuille reconnaître à un peuple souillé de tous les crimes, à une nation qui n'a pas conscience de l'avilissement de son état moral, le droit de faire partie du concert harmonieux et civilisé de l'Europe.

Les légitimistes français les plus exaltés ne consentiront point à traiter le nègre Botchouani comme l'égal de leur propre souverain et les institutions civiles des anthropophages comme ayant des droits égaux aux institutions de tout autre pays quel qu'en soit le souverain.

Mais Botchouani se servait du meurtre comme du seul moyen de garantir sa propre existence; les anthropophages ont aussi un certain code de lois auxquelles ils obéissent, malgré leurs instincts brutaux. L'Empire ottoman, dont on soutient la vie par la force des armes, a offert le spectacle de meurtriers tuant pour le seul plaisir de tuer; dans l'espace d'un mois, du 5 mai au 5 juin 1876, les pachas et leurs soldats ont massacré, par ordre du sultan, sans rime ni raison et sans examen, 80,000 Bulgares; et la nation tout entière, ou plutôt cet assemblage de monstres a applaudi à ce crime. Pendant toute son existence, la secte de Botchouani n'a pas commis autant de meurtres, et tous les anthropophages du monde réunis ne pourraient se vanter d'avoir fait autant de victimes; je dirai plus, la génération féroce qui a partagé les exploits de Marat et de Robespierre, pendant l'année néfaste où le meurtre était érigé en principe, n'a pas versé inutilement autant de sang que la chère protégée de l'Angleterre en a versé en un mois. Non, messieurs les lords et députés anglais, portant couronnes et haillons! pas un de vous n'a réfléchi à ce qu'il recouvre de sa protection; s'il en était autrement, vous auriez renoncé aux millions extorqués par la Turquie et en même temps aux pillards inondés de sang. Si, après la lecture de cette brochure, il se trouve un individu assez brave pour vouloir forcer l'Europe actuelle de faire entrer la Turquie comme membre du concert des puissances européennes, il remportera la palme de la folie sur Napoléon III, qui faisait asseoir à la même table les souverains de l'Europe et un petit princillon nègre des îles Sandwich.

En relisant de sang-froid et attentivement l'histoire de la Turquie, nous ne trouvons rien dans le cours historique des événements qui puisse expliquer pourquoi son organisation politique ne présente pas même les traces d'une morale humaine. Le divan, conseil suprême de Constantinople, se constitua dans un pays où le niveau de la civilisation était beaucoup plus élevé que dans tous les autres Etats de l'Europe. Sous ses yeux s'est déroulé le drame de l'anarchie épouvantable qui fut cause de la chute politique dont il était l'auteur.

Le sol des pays conquis offrait à la Turquie une source inépuisable de civilisation et la possibilité de constituer une organisation politique des plus humaines, tandis que l'anarchie lui en démontrait la nécessité absolue.

Plus tard, dans ses rencontres avec les peuples européens, la Turquie, d'abord invincible, s'affaiblit d'heure en heure, sous une arme lente à frapper, mais toujours sûre, la supériorité de la civilisation chez ses voisins; ensuite, avec la marche du temps, toutes les puissances de l'Europe occidentale réunissant toutes leurs forces en un seul faisceau essayèrent souvent d'encourager et d'aider la Turquie. Richelieu et Mazarin d'abord, puis le cabinet de Saint-James, du temps de la reine Elisabeth, ont conçu de faire de la Turquie une puissante unité politique capable de contenir l'Allemagne très puissante à cette époque et surtout pour se préparer dans l'avenir un appui contre la race slave, dont la grandeur était déjà prévue par les esprits perspicaces. En un mot, le rôle assigné à la Turquie dans la fameuse fiction de l'équilibre européen devait être très important et les cabinets occidentaux lui prodiguaient à pleines mains les matériaux de la civilisation, de la science et de la force morale.

Mais enfin, quand le jeune favori de la politique jésuitique anti-chrétienne eut peur même de toucher aux éléments de la culture et de la civilisation; quand le sauvage, à toutes les prières et à toutes les caresses répondit par des soufflets et des égratignures et ne témoigna qu'un seul désir, celui de rester éternellement dans son état de sauvagerie, on en vint à bout comme d'un insensé, par la force et on l'enferma pour ainsi dire dans une cage, en lui imposant la triple tutelle de l'Angleterre, de la France et de l'Autriche qui dirigèrent ses actions comme celles d'un idiot et l'employèrent en politique comme une force brutale.

Donc rien n'a été négligé par la Providence, ni par les efforts humains, dans le développement historique de la Turquie, pour en faire une puissance morale et capable de vivre. Mais le sauvage ne s'est prêté à rien et n'a pas cessé d'être un exemple et une incarnation de la cruauté et de la barbarie.

Où donc chercher les éléments d'une civilisation durable au milieu d'une barbarie contre laquelle le cours des événements historiques s'est montré impuissant malgré les aspirations et les désirs de l'univers entier ?

En général, aucun remède n'aboutit quand l'homme, en venant au monde, apporte avec lui, dès le jour de sa naissance, un vice constitutionnel; il en est de même de l'organisme des Etats : ils sont impropres à la civilisation et restent toujours au même niveau si, dans les institutions primitives sur lesquelles ils se basent et s'appuient, il y a un principe tellement défectueux et persistant qu'il ne cède à aucun développement, qu'aucun rayon de lumière, aucune étincelle de vérité ne peut l'atteindre.

Le Coran est un livre sage, écrit par la plume d'un génie inspiré qui a grandi sous l'influence de la nature orientale et qui a trouvé sa pensée si sublime qu'il s'est pénétré de mépris pour tout le reste de l'humanité. Un orgueil sans bornes, voilà ce qui a produit ce maître et ce despote du peuple qui l'entourait. Ce même orgueil servit de base à la doctrine qui fit du peuple qui l'écoutait une force invincible dont la source était un mépris profond pour tout ce qui n'était pas conforme à l'enseignement du maître. Et cet enseignement disait qu'il n'y a d'hommes que les Osmanlis et que tout le reste de l'humanité est composé d'êtres d'un ordre inférieur. Ce principe, d'un égoïsme exclusif, est précisément ce vice organique de l'Islam, qui a créé son immobilité morale sur le champ de la civilisation — principe qui a tenu bon contre la pression de la vie historique de toute l'Europe et se présente aujourd'hui sous la même forme d'un corps barbare et inerte, tel qu'il était le premier jour qu'il apparut à l'Europe, pour en être le fléau.

Je crois avoir démontré clairement que le seul moyen de rendre la Turquie susceptible d'une vie politique commune à toute l'Europe, c'est qu'il n'y ait plus de Turquie.

Mais où trouver la force magique qui saurait régénérer un peuple contre sa volonté? Nous voyons que le pouvoir de la doctrine la plus élevée — celle du Christ, embrassée à contre-cœur sous la pression des circonstances extérieures, est impuissant à régénérer les notions morales, même chez les individus à part, — témoins nos juifs baptisés.

Admettons même que le christianisme ait remplacé l'Islam en Turquie, combien de siècles aurait-il fallu attendre encore que le peuple renonçât au Harem, institution qui le porte à traiter avec mépris toute une moitié du genre humain; à ses idées sur le ghiaour, — c'est-à-dire à l'incarnation d'une idée qui lui fait mépriser une autre moitié du genre humain, à l'exception d'un petit nombre de barbares qui lui ressemblent?

Mylords et gentlemen, comptez un peu les siècles qu'il faudra pour régénérer la Turquie et pour chaque seconde de cette longue période, comptez, ne fût-ce qu'une victime chrétienne dont on versera le sang. Quand vous aurez fait la somme de toutes les victimes, votre conscience ne pourra pas mesurer d'un clin d'œil les mers de sang, criminellement et inutilement versé, sans que ce sang tombe goutte à goutte sur votre conscience et sur celle de toute l'humanité égoïste et teigne de taches rouges vos noirs calculs roulant sur le commerce du coton et du poivre. Mais non, c'est inadmissible! Verser pendant de longues années des torrents de sang pour corriger un infâme, pour nourrir une heure de plus l'espérance de recouvrer l'argent prêté usurairement à un banqueroutier prodigue, sur l'amendement duquel on se fait si peu d'illusion ! — Quant à la régénération, c'est la combinaison d'un idiot et non d'un homme d'Etat, c'est une idée capable d'agiter le cerveau d'un pensionnaire de Bedlam, elle n'est pas le produit d'un jugement sain de l'honnête peuple anglais.

Je m'adresse ici à l'Angleterre, uniquement parce que son ministère actuel fait publiquement de l'opposition à toutes les mesures entreprises pour mettre un frein à la barbarie turque. Peut-être aurais-je eu encore plus de droits à interpeller d'autres acteurs de la politique actuelle; mais je ne veux pas faire le curieux et savoir ce qui se passe derrière les coulisses. Nous autres Russes slavophiles, qui n'avons pas les sympathies de la *National Zeitung,* organe subventionné de l'Allemagne, nous sommes des gens myopes simples; les perspectives lointaines et les coulisses nous sont inaccessibles. En revanche, nous pensons être dans le vrai en supposant que la période de la politique de l'avenir qui vient de commencer mettra de côté tous les procédés d'obscurcissement, toutes les finesses de la pensée et de la parole dans les questions qui s'agitent sur le tapis de la politique européenne.

La vérité nue, sèche, je dirai plus, âpre, sera dans l'avenir le principe des conférences et des conventions internationales, et ces conventions formeront une base solide pour soutenir la paix de l'humanité, — la base de la vérité.

Dans cette persuasion, nous nous permettons de faire les déductions suivantes :

1° Il est impossible de refaire la vie turque, de manière à rendre la Turquie un membre toléré et admissible de la famille des puissances européennes;

2° Régénérer la Turquie et en créer un nouvel organisme politique amènerait l'Europe à faire des sacrifices qu'elle ne pourrait pas subir en gardant son état normal.

Maintenant nous devons indiquer les suites qu'entraîne la vérité incontestable des thèses citées.

Abandonner la Turquie dans l'état anormal où elle se trouve en ce moment et admettre toutes les conséquences inévitables de la situation actuelle, c'est reconnaître la nécessité absolue de la barbarie en Europe, c'est renoncer aux aspirations qui constituent le but des efforts de toutes les puissances. Civiliser l'humanité et plier le genou devant la barbarie sont deux choses tout à fait contradictoires.

Sequitur ergo, la Turquie ne peut plus exister comme unité politique, disposant sans contrôle de la domination des Osmanlis sur la presqu'île des Balkans. Aucune force au monde ne peut faire vivre un corps rebelle à la vie. Le deuil des turcophiles est une affaire résolue ; ce n'est pas la volonté humaine qui en est la cause, ce sont les lois naturelles du progrès humain sur la terre. La Turquie, durant la dernière période politique, dont je fixe le commencement au Congrès de Vienne, a constamment joué le même rôle, — celui d'un passé qui barrait à l'Orient l'accès à un développement plein et entier de son existence.

De tout temps les hommes politiques ont considéré la Turquie, et ils la considèrent encore aujourd'hui comme un boulevard contre les efforts tentés par les Slaves pour équilibrer les moyens de civilisation et de bien-être de l'Orient avec ceux de l'Occident. Il y a quelques jours à peine, dans une note du ministère tory, transmise par Sir Henry Elliot au Divan, récemment formé par l'Angleterre, M. Disraéli déclarait à la Turquie que dans une lutte avec la Russie, elle pourrait toujours compter sur l'appui de l'Angleterre, mais que dans sa lutte avec les insurgés, elle n'avait aucun secours à attendre. Naturellement ce n'est là qu'une finesse diplomatique, en contradiction directe avec les faits, puisque l'Angleterre

envoie continuellement des secours à la Turquie pour
aider au massacre de la population chrétienne sur la
presqn'île des Balkans. Mais que prouve cette phrase du
premier ministre de l'Angleterre? Elle prouve en premier
lieu que M. Disraéli, ou du moins le ministère anglais,
sait encore rougir de certains compromis de conscience,
que dans son cœur gît encore un sentiment qui l'a forcé
à renoncer à des actes impies devant le jugement que
prononcera l'histoire et la logique; en second lieu que
la logique du ministère anglais n'a pas encore résolu le
problème de permettre le développement de la race slave
et de garder sa propre prééminence dans les affaires du
monde, sans se servir de la barbarie féroce des Osmanlis.
Nous autres Slaves, nous n'avons qu'à remercier le gouvernement actuel de l'Angleterre et ses traditions sécu-
laires, de la haute idée qu'ils attachent à notre mission
dans l'avenir.

Néanmoins, à la vue des torrents de sang qui coulent,
nous sommes obligés, dans l'intérêt de l'humanité, de
prouver à l'Angleterre et à tout l'Occident le peu de jus-
tesse de leurs déductions logiques sur l'avenir des Slaves.

Revenons encore une fois aux pages déjà écrites de
l'histoire. Dans le siècle présent et bien avant encore,
toute la politique de l'Angleterre à l'Occident ne tendait
qu'à empêcher l'annexion de la Belgique à la France.
Tout ce travail persistant de la diplomatie anglaise n'était
pas sans avoir une cause, et l'on peut dire même des
fondements raisonnables. La France, par l'annexion de la
Belgique, aurait acquis une force politique anormale, com-
parativement aux autres Etats de l'Europe. Partant de là,
chaque fois que la France était prise d'un accès d'ambition folle, la première chose qu'elle entreprenait c'était
la conquête de la Belgique. Il en fut ainsi du temps de
Louis XIV, au jour du triomphe de la Revolution, et au
jour de triomphe du despotisme, sous Napoléon Ier. Pourtant la diplomatie européenne a trouvé le moyen, quand

tous les esprits distingués du temps se mirent à l'œuvre, de supprimer pour toujours cette question qui donnait de l'embarras à l'Occident, non-seulement sans recourir à des moyens barbares, mais encore en se conformant à la volonté de la population belge.

Louis-Philippe comprit le peu de logique des prétentions de la France. Talleyrand et Palmerston trouvèrent moyen de donner à la Belgique une position telle qu'elle ne pût jamais plus servir de pomme de discorde. Les appréhensions de l'Angleterre se calmèrent et Léopold de Saxe-Cobourg fit de la Belgique une véritable gardienne et un appui de la paix européenne.

La Turquie craint d'être conquise par la Russie ; je ne dis pas que ses appréhensions n'aient aucun fondement. Qui peut jurer que la Russie, dans le cours de sa vie, n'aura point de moments d'ambition folle? On ne peut pas répondre de l'avenir. Les emportements de la révolution et du despotisme sont capables de tout, quoique cette éventualité de l'avenir soit peut-être à la distance de bien des siècles de nous, peut-être même que l'éternité nous en sépare. Mais je comprends les appréhensions des Anglais; l'aïeul doit pourvoir à l'avenir des petits-fils. Cependant ces appréhensions ne justifient pas des mesures impossibles et barbares, elles doivent seulement provoquer l'activité des esprits distingués, à chercher un moyen de supprimer du même coup et les appréhensions et la barbarie. Donc, une combinaison politique où les Turcs seraient reconnus comme n'existant plus sur la presqu'île des Balkans comme un élément qui n'est plus apte à la vie, est absolument indispensable; il serait utile aussi de donner à la population chrétienne de la presqu'île des Balkans des institutions politiques telles qu'il n'y ait plus de craintes sur la prépondérance exclusive de l'un des membres de la famille des puissances européennes au détriment des autres.

Deux nationalités peuvent servir de base à cette combinaison : celle des Grecs et celle des Slaves. La différence des races leur assure une vie séparée et est une garantie de ce qu'ils ne formeront jamais un tout qui puisse, dans un cas donné, être une puissance d'une importance quelconque dans les affaires de l'Europe. Quand la barbarie turque cessera d'exister, la population chrétienne de la presqu'île des Balkans recevra avec reconnaissance de l'Europe telles formes de vie politique que l'accord unanime des hommes d'Etat mûris par l'expérience jugera bonnes pour leur existence sans appréhensions et sans entraves.

La neutralité de la Belgique et de la Suisse, voilà le fondement qui pourrait servir de modèle à la future constitution de la Grèce et de la confédération du Sud comme de deux unités politiques.

La presqu'île des Balkans, par sa position géographique et économique, doit être considérée sous trois points de vue, également importants pour la vie internationale de Europe :

a.) Comme force économique ayant une certaine part de signification dans la somme générale des forces que peut fournir chacune des unités politiques de l'Europe ;

b.) Comme territoire et corps politique occupant le centre du commerce de tout le monde ancien et ayant sous sa garde les clefs des voies commerciales entre l'Europe, l'Asie et l'Afrique.

c.) Comme le territoire le plus pauvre, avec une population à civilisation primitive et arriérée, malheureuse et oppprimée, qui n'a su tirer aucun parti des richesses naturelles de son sol pour le développement de ses forces productrices et de son industrie.

La presqu'île des Balkans ne touche qu'à une seule unité politique par la longue ligne de ses frontières. Son unique voisine est l'Autriche ; la Russsie et l'Italie sont ses voisines, mais leurs points de contact sont peu importants. En revanche, son immense littoral la rend accessible à la la force navale, c'est-à-dire à l'Angleterre.. Ne parlons pas de l'Italie, sa population tout entière, composée d'une seule race, son territoire arrondi et finalement sa constitution scientifiquement et sagement élaborée, peuvent servir de garanties, que jamais le cabinet italien n'exigera, ni de force ni de gré, une alliance ou une prépondérance exclusive, et encore moins qu'il attentera à l'intégrité du territoire des Balkans.

L'étendue immense de la Russie et sa position également brillante en Asie et en Europe, ont, depuis longtemps, donné lieu aux préjugés fortement enracinés en Occident sur ses prétentions à s'emparer de Constantinople. Je ne me donnerai pas la peine de réfuter ces bruits ; je me permettrai de dire seulement quelques mots, qui, j'espère, seront assez compréhensibles. Qui peut aspirer à s'emparer de Contantinople en Russie, le gouvernement ou le peuple ? Mais le gouvernement sait que cela équivaudrait à l'épée de toute l'Europe suspendue sur sa tête, — sur le sort de son peuple. On peut, à tort ou à raison, faire des reproches à notre gouvernement pour beaucoup de choses, quoique le plus souvent, sans aucun fondement ; mais ses ennemis les plus acharnés ne trouveront jamais un moment dans notre histoire où il ait risqué le sort de son peuple pour telle ou telle de ses aspirations. Quant au peuple russe, il est tellement adonné à affermir sa propre prospérité sur des bases solides, qu'aucune acquisition territoriale ne préoccupe son esprit. En un mot, en Russie, personne ne pense au littoral du Bosphore. Mais les préjugés de l'Europe doivent pourtant être pris en considération, quand on raisonne sur la nouvelle vie à donner à la presqu'île des Balkans.

L'Angleterre, par sa sollicitude empressée à conserver l'intégrité de la Turquie et par sa manière d'agir dans ces derniers temps, a donné lieu de supposer qu'elle prend déjà des mesures pour assurer sa domination sur le Bosphore. Malgré cela, nous aimons à croire, et nous espérons rester dans le vrai, en pensant que tout ce remueménage du ministère tory, tous ces navires cuirassés, et ces cris perçants doivent être attribués à la perturbation d'esprit dudit ministère, mais pas du tout aux aspirations de la sage Angleterre et de la souveraine. Il est difficile de supposer à un peuple et à un gouvernement forts un aveuglement tel, qu'ils puissent caresser l'illusion de prendre en tutelle trois parties du monde avec leurs forces productrices, avec leur industrie et leur commerce, sans compromettre sa propre existence dans une lutte contre toutes les unitiés poliliques du monde. Il va sans dire que la domination de l'Angleterre sur le Bosphore serait un embargo sur la vie intérieure de tous les peuples.

L'Autriche est l'Etat le mieux situé pour étendre ses possessions aux dépens de la presqu'île des Balkans. C'est déjà une unité politique organisée sur un système de dualisme, d'après sa constitution et d'après les éléments reconnus comme jouissant de droits et de pouvoirs égaux; sa force serait encore accrue si elle devenait triple, en admettant qu'elle donne à la race slave, étendant ses branches jusqu'aux monts Balkans, des droits égaux à ceux de la race germanique et de la race hongroise. Mais la difficulté insurmontable, sur cette voie d'agrandissement de l'Autriche-Hongrie c'est une absence complète de sympathie entre les éléments qui devraient assurer son avenir et l'instabilité politique, qui est le mal inévitable de tout état composé d'éléments hétérogènes, qu'aucun lien sérieux n'attache l'un à l'autre. Oui! il se peut que le pacificateur Andrassy lui-même entrevoie derrière cette auréole de triple grandeur, une triple scission dans l'avenir nébuleux. Quant à la France, à l'Allemagne et aux autres Etats de l'Europe, il est difficile de leur soupçonner d'autres intentions que le désir sincère d'arranger les affaires sur la presqu'île des Balkans et sur le Bosphore de manière à procurer à la population chrétienne la meilleure part de bonheur possible et à tirer de leur labeur autant de bien que faire se peut pour les relations internationales de l'Europe et les tendances civilisatrices de l'humanité, en supprimant toutes les entraves pour le commerce universel sur le Bosphore et en en faisant le meilleur des marchés pour elles-mêmes.

De tout ce que nous venons de dire, il résulte clairemedt que, la question mûrement délibérée, toutes les puissances de l'Europe doivent renoncer à leurs prétentions sur le territoire de la presqu'île des Balkans et d'un commun accord, donner à ce territoire une organisation conforme aux droits de sa population chrétienne, prenant en considération les désirs de chacune des nationalités relativement à son organisation intérieure et à son existence séparée ou en commun avec les nationalités voisines.

La configuration géographique de la presqu'île des Balkans, ainsi que sa position au milieu de trois parties du monde, est des plus heureuses. Les intérêts de l'Europe, de l'Asie, de l'Afrique se concentrent sur le Bosphore, comme dans la terre promise du commerce. Nulle part en effet, les produits de la nature et de l'industrie de différentes contrées ne s'échangent plus facilement. Sans aucun doute chacun des Etats s'y présentant pour proposer ses produits est fortement intéressé: premièrement, à jouir d'une pleine liberté dans ses transactions, secondement, à jouir de droits égaux à ceux de tous les autres habitués du marché, et troisièmement, à se savoir à l'abri de toute espèce d'entraves dans ses transactions, moyens de transport et expédition de ses produits. Donc, il importe à tous les Etats fréquentant le marché du Bosphore, que le pouvoir souverain du Bosphore ne soit sous la pression exclusive d'aucun d'eux, que ce pouvoir ne soit hostile à aucun de ces Etats, que ce pouvoir, en vertu de son organisation politique, ne puisse donner de préférence à aucun des visiteurs; que le pouvoir et l'unité politique du Bosphore possèdent l'esprit du commerce international et donnent des formes à leur organisation intérieure, compatibles avec cet esprit, tâchant de faire naître une liaison sérieuse entre leurs propres intérêts et ceux des habitués du marché; que l'existence du pouvoir et de l'unité politique du Bosphore soit à l'abri de toute éventualité et finalement que le niveau de sa civilisation sociale soit conforme aux exigences de sa destination, qui est celle d'être un chaînon de paix et de prospérité dans la famille des puissances de l'Orient, comme la Belgique l'est dans celle de l'Occident. A ces conditions seulement, les clés de la prospérité et du bien-être universel reposeront entre des mains sûres, et non entre des mains souillées de meurtre et de sang.

Considérant la vie intérieure de la presqu'île des Balkans, il est impossible de ne pas convenir que la population chrétienne aura beaucoup à travailler pour transformer ce territoire engourdi, privé de vie par des siècles d'une exploitation barbare, en un sol capable de produire un ordre de choses raisonnable; il est impossible de ne pas prévoir qu'il en coûtera des peines immenses pour élever le niveau de la civilisation des masses contre laquelle combattait et combat encore aujourd'hui un petit nombre d'Osmanlis brutaux qui massacrent des enfants rien que parce qu'ils visitent les écoles, témoin les bacchanales, à l'instar d'Hérode, des premiers jours de juin.

La première condition, pour améliorer l'économie sociale et relever la civilisation, est la paix intérieure et l'absence de dissensions parmi les peuples vivant sous une même loi. Pour atteindre ce but, il faut observer que les unités politiques de la presqu'île des Balkans ne présentent point un contraste trop frappant, relativement à la religion, à la race et aux lois.

La seconde condition du développement de l'économie sociale et de la civilisation est certainement une organisation de vie politique qui, garantissant la paix et l'ordre social, donnerait en même temps une pleine liberté aux forces populaires de se développer.

La troisième condition, pour atteindre le but désiré, est de délivrer le nouvel État de toute responsabilité pour les actions et les faits de la barbarie d'autrefois et pour la prodigalité sans frein des Osmanlis.

De tout ce que nous venons de dire, il résulte que l'intérêt principal de l'Europe et de chacun des Etats en particulier, exige qu'on crée pour la presqu'île des Balkans un *modus vivendi :*

a.) Qui la fasse tout à fait indépendante ;

b.) Qui représente un groupe d'unités politiques, sans germe de dissensions intestines et sans prétention à jouer un rôle quelconque à l'extérieur, mais jouissant d'une organisation politique solidement constituée ;

c.) Que ce *modus vivendi* sanctionné par toute l'Europe soit garanti par une convention internationale de toute prétention de la part des autres puissances, comme s'é-tant constitué sur un territoire neutre ;

d.) Qu'aucune dette du passé ne pèse sur la vie qui prend jour.

Voilà un problème dont la solution préviendrait et supprimerait toute espèce de malentendus et de collisions entre les cabinets et les Etats européens, arrêterait l'ef-fusion de sang, qui dure depuis des siècles, ferait cesser le spectacle impie de la barbarie, se permettant des mas-sacres sur le continent de l'Europe humaine et civilisée et enfin consoliderait la paix universelle.

Pour terminer cet exposé peu profond mais sincère de la manière de voir et de juger du caftan et du touloupe (1) sur ce qui se passe actuellement en Orient, je me permettrai de faire le tableau de la régénération de la presqu'île des Balkans, tel qu'il se présente à l'imagina-

____

(1) Pelisse de peaux de moutons.

tion de nous autres, gens de la rue, et tel que nous le peint notre fantaisie, étrangère à la culture, mais partant du cœur.

Nous espérons être les interprètes fidèles de la manière de comprendre les choses des gens de la rue, c'est-à-dire de ceux qui ne sont ni savants ni initiés aux mystères de la vie politique. Sans aucune intention de guider l'opinion de qui que ce soit, d'influer sur qui que ce soit, en dehors de toute tendance ambitieuse, sans prétention même à être lu dans les hautes sphères des faiseurs de gazettes et de livres, nous écrivons parce que nous savons lire et écrire, comme les moines d'autrefois traçaient les lignes des annales qu'ils transcrivaient, comme les peintres de village barbouillent leurs images naïves.

Ainsi nous avons lu et nous savons que la presqu'île des Balkans est habitée par plusieurs populations retenues depuis des siècles et jusqu'à ce moment dans une communauté politique difforme, portant le nom de la Porte ottomane, sous les coups perpétuels du knout et de la hache des Osmanlis.

Nous savons que ces Osmanlis, descendants et successeurs des ennemis les plus acharnés de la chrétienté, ne sont pas encore morts en Europe et continuent à y commettre des brigandages avec une barbarie effrénée, et ils n'ont pas même le droit du plus fort ; ils n'existent que grâce à l'oubli des principes moraux du christianisme en Europe, où certains partis soutiennent la barbarie décrépite et impuissante pour servir leur antagonisme et leur jalousie réciproques.

Nous savons qu'il n'y a que quelques millions d'Osmanlis sur la presqu'île des Balkans et que jusqu'à présent ils n'ont pas su s'établir d'une manière stable sur ce territoire. Ils vivent comme s'ils y étaient arrivés d'hier en conquérants et en dévastateurs, sans mettre la main ni à la charrue ni à la pelle, sans construire ni granges

ni greniers, s'escrimant seulement à manier l'épée, entre
les murs sombres de leurs prisons et de leurs donjons,
construits à la hâte. Nous savons aussi que, sous le joug
de ces barbares vagabonds, existent encore, les débris
des anciens possesseurs du territoire, gens laborieux qui
n'ont sauvé leur vie que parce que leur travail était né-
cessaire aux barbares, parce qu'ils sont dans l'esclavage
et la pauvreté.

Nous avons vu l'Europe compter froidement les derniers soupirs exhalés par des chrétiens, — par des citoyens paisibles surpris au sein de leurs travaux des
champs; nous l'avons vue énumérer par milliers les vies
éteintes ou réduites à l'esclavage.

Mais nous savons aussi qu'il y a un Dieu et que les
nationalités chrétiennes égorgées aux yeux de l'Europe,
sortent de leurs tombes par les efforts de leur propre cou-
rage, et nous nous disons : elles ressusciteront! elles ont
ressuscité!... La fantaisie nous peint le règne de la croix
sur les Balkans et le Bosphore, arborée sur la cime des
monts et les toits des maisons par les mains désarmées
et mutilées des malheureux martyrs. Cela arrivera, grâce
à l'aide des sentiments humains qui se réveillent dans les
sociétés politiques de la chrétienté européenne; elle s'est
souvenue par hasard, au milieu des succès de la bourse
et des illusions sanguinaires du socialisme, qu'il est écrit
quelque part dans le livre de la Révélation divine : Aime
ton prochain à l'égal de toi-même!

La charrue, en faisant ses sillons, a caché le sang ré-
pandu sous la verdure des blés et les pampres des vignes;
des écoles, des hôpitaux, des asiles ont remplacé les
donjons sombres; les épées sont changées en socs de
charrues, les canons et les fusils en rails, en ponts et en
machines fécondes; nulle part il n'y a de traces de com-
bats, pas de vestige qui rappelle qu'on ait pu lutter.

Sur ce sol, habitent des peuples qui ont renoncé pour
toujours à porter les armes; ils ont accepté un pacte de

renonciation souscrit par toutes les puissances de l'Europe, où il est dit que jamais elles ne viendront les armes à la main chez eux. Au nord des monts Balkans, les nationalités slaves se sont unies en une forte confédération de travailleurs paisibles, gouvernés, en vertu d'anciennes coutumes slaves, par les autorités communales et le Conseil du souverain.

Elles forment un seul État par la communauté du travail, des intérêts, des traditions, de la croyance et de la civilisation, quoique n'obéissant pas à un seul et même souverain.

Le sort de cet Etat est une neutralité perpétuelle.

Les formes à donner à la vie intérieure et les relations avec les autres puissances sont déterminées par le vote public, la volonté souveraine du peuple, comme ça a été en Belgique, en Savoie et à Nice. Et le nom de cet Etat sera : le monument du triomphe de l'idée du Christ dans les cœurs égarés de la civilisation de l'Occident.

De l'autre côté des monts Balkans, au milieu des jardins qui entourent les écoles, les asiles et les marchés, s'élèvent des musées et des expositions de l'art ancien et moderne, érigés par le goût artistique des Grecs. Partout montent au ciel des hymnes harmonieux sur le sol classique de la poésie; des milliers de vaisseaux, sous tous les pavillons de l'univers, remplissent tous les coins et recoins du Bosphore. La Grèce, berceau de la civilisation et du commerce, chère à tous les cœurs, est ressuscitée ! Et sa résurrection à une vie nouvelle est due à la fermeté des descendants non dégénérés encore, des Epaminondas, des Thémistocles, des Miltiades, des Solons, des Capo d'Istria et des Canaris ; à l'aide de l'Europe occidentale qui s'est départie de son idolâtrie pour l'or et de sa passion d'exploiter le travail d'autrui. Et là aussi, il n'y a qu'un seul État — un territoire hospitalier pour tout l'univers, où la paix éternelle est promulguée par une loi internationale de l'Europe et la constitution de l'Etat. La saine raison a trouvé un nom à cet Etat. Elle y voit un souvenir de l'antiquité, un gage de paix, de sagesse et et de respect pour l'histoire de la civilisation.

Il y a deux États chrétiens sur la presqu'île de Balkan, un État grec, un État Slave.

Ce rêve n'est pas difficile à réaliser. La Belgique florissante doit sa prospérité aux labeurs de quelques citoyens honnêtes, qui ont compris les exigences de leur peuple. Ces citoyens ont fait à leurs propres frais le tour de toutes les cours de l'Europe, ont découvert cette individualité si hautement morale qui avait nom Léopold de Saxe-Cobourg et ont inspiré au peuple pleine confiance en lui comme en leur futur souverain. Un petit nombre d'individus créa cette florissante unité politique, et leurs noms les voici : De Hérode, De Lahaye, de Broukère, Nathombe, Gendebine, Van de Weyer, de Gerlache, de Pattes, etc. Ces hommes de bien sont allés faire à toutes les cours et à tous les cabinets leurs propositions de renoncer à tout jamais d'intervenir dans les collisions européennes et ont partout donné l'idée d'instituer une monarchie neutre. Et tout se passa sans aucun désordre. sans aucune scène sanglante. Talleyrand, lui-même, alors ambassadeur à Londres et défenseur de la carte de l'Europe, conforme aux stipulations du traité de Vienne; Palmerston et la princesse de Lieven, tous, frappés par l'honnêteté des propositions, réunirent tous leurs efforts diplomatiques pour créer la nouvelle position politique de la Belgique en Europe, et il en résulta une puissance, au bien-être de laquelle toute l'Europe est intéressée parce qu'elle est utile à tout le monde. Louis-Philippe, roi des Français, protégea de son autorité souveraine la création de quelques particuliers et de la diplomatie, il mérita l'éternelle reconnaissance de l'humanité parce qu'ainsi il lui donna une nouvelle source de prospérité.

L'exemple de la Belgique est parfaitement applicable aux circonstances actuelles dans la presqu'île des Balkans. Il suffit d'une volonté ferme et de l'accord des puissances européennes pour exclure la barbarie de leur milieu et forcer les Turcs à se transporter en Asie, c'est-à-dire sur un sol plus conforme au niveau de leur civilisation. On peut même y parvenir sans aucune guerre ou du moins avec un tout petit contingent de forces européennes réunies.

Sur le territoire abandonné, la population chrétienne et la diplomatie créeront facilement deux Belgiques: la Grèce et la Confédération des Slaves du midi, leur laissant le libre arbitre de constituer leur vie, conformément à la volonté du peuple et aux intentions de la diplomatie européenne.

Les couronnes des Souverains de l'Europe s'enrichiront de nouveaux lauriers, sur lesquels les générations futures liront l'inscription suivante :

Salut au Christ.

Progrès de la civilisation.

Consolidation de la paix de l'Europe.

Libération de la mort et des fers de plusieurs millions de malheureux.

Paris. — Imp. Kugelmann 12, rue Grange-Batelière.

www.ingramcontent.com/pod-product-compliance
Lightning Source LLC
Chambersburg PA
CBHW051351060726
47596CB00005B/1874